830

BALET

DE

L'ORACLE

DE LA

SIBILE DE PANSOVST.

Dansé au Palais Royal, & à l'Hostel
de Luxembourg.

A PARIS,

Chez IEAN BESSIN, ruë de Reims prés la porte du College.

M. DC. XLV.

Auec Permission.

BALET
DE L'ORACLE
DE LA SYBILE DE
PANSOVST.

RECIT
De la Renommée, accompagnée de la Curiosité & de la Verité.

E suis l'Illuſtre vagabonde
Qui fay valoir les grands exploits,
Et publie auec mes cent voix
Toutes les merueilles du monde;
I'en voy beaucoup icy, mais que n'ay-je autant d'yeux
Que de langues pour les voir mieux.

A

Combien de Deitez mortelles
Ont icy des charmes diuers
Si ie dy par tout l'Vniuers
A peu prés comme elles sont belles,
Ie porte de leur part vn trespas tout certain
A la moitié du genre humain.

Que par tout les armes se posent,
Que la Valeur se trouue à bout,
Qu'on ne fasse plus rien du tout,
Que les Conquerans se reposent :
Tant que de si beaux yeux auront dequoy brusler,
I'auray tousiours dequoy parler.

I. ENTREE.

Vn Maréchal des logis & trois Fourriers viennent marquer les logis de Panurge & de sa suite.

AVX DAMES.

BElles, dont la rigueur maltraite les Amans,
Lors que vous nous voyez marquer des logemens
Pour ceux qui sur nos soins leur domicile fondent,
A voir vn procedé si remply d'amitié
Ie ne sçay comme quoy vous n'auez point pitié
Des pauures gens qui se morfondent.

Messieurs
de Brion,
S. Agnan,
Langeron,
Genlis.

II. ENTREE.

La Sybile Panſouſt ſuiuie de deux Magi-
ciennes nommées Armide &
Vrgande la décognuë.

AVX DAMES.

Les ſieurs
des Noyers,
Cornu,
Bouchet.

IE voy dans le futur,
Et ſçay ternir l'azur
Dont le Ciel ſe colore,
Ie fay par tout éclore
Ou les maux ou les biens:
I'ay de puiſſantes armes,
Et toutesfois ie tiens
Le moindre de vos charmes
Plus fort que tous les miens.

La Sybile & ſa ſuite rentrent dans vn an-
tre dont elles eſtoient ſorties.

III.

III. ENTREE.

Rabelais va consulter sur le succez du Balet, & reuient donnant les vers du Balet.

> *E viens consulter la Sorciere*
> *Pour sçauoir touchant ce Balet,*
> *Dont on prit chez moy la matiere,*
> *S'il doit estre agreable ou laid.*

Le sieur de
Veipré.

Réponse de l'Oracle.

> *L n'est pas iuste qu'il se flate*
> *De l'espoir de donner plaisir,*
> *On l'entreprit trop à la haste,*
> *On le dance trop à loisir.*

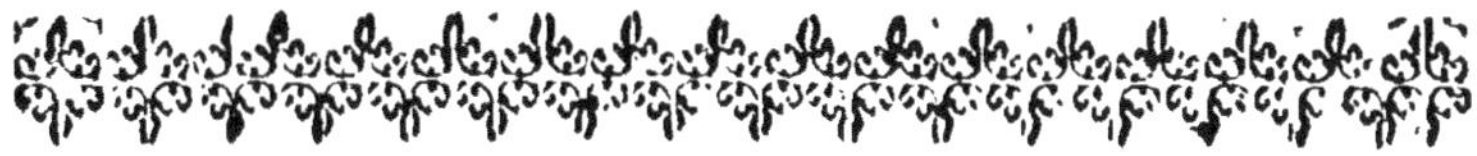

IV. ENTREE.

Panurge auec deux de ses Compagnons consultant les Docteurs s'il se doit marier, ou non.

<table>
<tr><td>

Monsieur
de saincte
Frique ,
les sieurs
Souuille ,
Balon.

</td><td>

IE ne sçay si le mariage
Est le party qu'il me faudroit,
Les vns l'appellent vne cage,
D'autres le nomment tout à droit
Le grand chemin du cocüage:
Il n'est rien tel que le ménage,
Dit l'vn, l'autre romps toy le cou
Plutost que d'entrer en seruage;
Si ie me lie ou me dégage
A vostre auis, seray-je fou?
A vostre auis, seray-je sage?

</td></tr>
</table>

V. ENTREE.

Les Docteurs Esope, Cujas & Gallien consultans pour Panurge.

LA question est grande, & pour y pouuoir mordre
Le Philosophe est trop flouet,
Et voila sur ce poinct dont l'on fait vn ioüet
La Iurisprudence en desordre
Et la Medecine au roüet.

Monsieur
deClinchât;
les sieurs
Môtesquio
Beaubrun.

Réponse de l'Oracle à Panurge.

SI ta Maistresse est ieune & belle
Tasche de n'en pas mal vser:
Mais te mariant auec elle
Garde-toy bien de l'épouser.

VI. ENTREE.

Cinq ieunes débauchés qui ayans mangé
tout leur bien, vont confulter la Sybile
pour trouuer les moyens de pareſtre
inuiſibles à leurs creanciers.

Meſſieurs
de Luyres,
de Rouënes,
Saintagna r,
d'Aluy,
Raliere.

HA que la deſbauche eſt funeſte,
  Nous auons ſans nous en vanter,
Deuoré tout, & ne nous reſte
Rien que le deſſein d'emprunter :
De ſçauoir où s'eſt diſperſée
La ſomme trop toſt deſpenſée
Ce n'eſt pas vn trop grand ſecret,
La moitié de noſtre eſcarcelle
Eſt demeurée au cabaret,
Et l'autre chez la Damoiſelle.

Nous n'auons pas le double en poche
Quoy que nous ſoyons fort pimpans,
Et ce nous eſt vn dur reproche
De viure vn iour à nos deſpens ;

La

La chemise à demy tirée,
Et l'épaule toute poudrée
Nostre bonne mine en seduit :
Mais aussi ce qui nous poignarde,
C'est que le Creancier nous suit
Lors que la Dame nous regarde.

Réponse de l'Oracle.

IE vous conseillerois de rendre,
Pour voir ces Messieurs moins pressans,
Mais vous ne pouuez rien comprendre
A l'obscurité de mon sens.

VII. ENTREE.

Deux vieilles Gaupes qui viennent consulter la Sybile pour aprendre d'elle la
Fontaine de jouuance, ou le
remede à la vieillesse.

Monsieur de
Saintot, &
le sieur de
Lalun.

NOus auons bien de l'âge & desirons pourtant
N'en parestre pas tant,

C

Il nous vient tous les iours quelques rides nouuelles,
Et voulons estre belles.

Nous auons resolu de faire nos efforts
A rebastir nos corps :
Et bien que nous soyons vieilles comme nous sommes,
Nous voulons plaire aux hommes.

Réponse de l'Oracle.

COmme la necessité presse,
Et que le siecle est indigent,
Si vous voulez de la Ieunesse,
Vous en aurez pour vostre argent.

Le sieur S.
André.

VIII. ENTREE.

L'Amant infortuné qui cherche le secret de plaire.

IE suis fait comme vn autre, & dans chaque maison
I'ayme, & ne suis souffert de brune ny de blonde,
Ou ie suis vn fascheux, ou certes i'ay raison
De croire qu'il n'est pas vne Coquette au monde.

Il n'eſt point de Ialoux qui penſe à me détruire,
Il me laiſſe ſa femme alors qu'il m'aperçoit,
Et la laiſſe ſans crainte encor que pour luy nuire
I'aye l'intention comme il faut qu'elle ſoit.

Que ie marche ſans ſuitte, & qu'entre chien & loup,
Le manteau ſur le nez ie monte où ie deuale,
Meſſieurs les médiſans n'y gagnent pas beaucoup,
Et ie n'ay peur de rien quand ie crain le ſcandale.

Enfin i'ay beau languir parmy les douces flames,
Ny mes pas ny mes ſoins ne peuuent obliger,
Et ie rencontrerois plutoſt toutes les femmes
A l'heure de la mort qu'à l'heure du Berger.

Réponſe de l'Oracle.

POur bien faire ce qu'on veut faire
Il faut la grace & la façon,
Mais de crainte de vous deſplaire
Je vous renuoye à la chanſon.

Recit de la chanſon d'Amant
infortuné, &c.

IX. ENTREE.

Les sieurs
des Noyers,
Cornu,
Boucher.

Vne femme yvre conduite par deux vigne-
rons yvres, qui vont à la Sybile pour voir
si les vignes geleront.

SY les vignes s'en vont geler,
Qu'est-ce qui nous peut consoler
En cette vie infortunée ?
Toutesfois grace au bon destin,
Nous en auons pris ce matin
Pour tout le reste de l'année.

Réponse de l'Oracle.

SY tous les fous & les yvrongnes
Ont don de prophetie en soy,
Vous pouuez passer à vos trongnes
Pour plus grands Oracles que moy.

X. ENTREE.

Le Roy Anarche fur vne broüette affis def-
fus vn tonneau fuiuy des fiens.

*Le fieur
Beaubrun,
& M^{rs} de
Luynes,
de Rouénez,
de Brulon,
& le fieur
Langlois.*

M*Oy qui fuis vn grand Potentat*
  A qui tant de fortune & d'honneur on fouhaite,
Et qui me puis vanter rempliffant ma broüette
Que ie remplis tout mon Eftat:
Que ie fçache en vn mot ou mon gain ou ma perte,
Que deuiendray-ie enfin ?

Réponfe de l'Oracle.

Pileur de fauce verte.

XI. ENTREE.

Deux Aueugles conduits par deux boiteu-
fes boffuës qui vont chercher l'Oracle.

*M^r le
Cheualier
du Guet,
Saintot,
Memont,
&
Vieux-
Chafteau.*

N*Ous fommes tous quatre en pofture*
  De faire des fouhaits de byare nature,
Et n'auons feulement befoin pour eftre mieux,
Que de iambes & d'yeux.

D

Réponse de l'Oracle.

Courage, bien que l'vn boite,
Et qu'à l'autre tout soit dueïl,
Dés que l'vn ouurira l'œil,
L'autre aura la iambe droite.

XII. ENTREE.

Mr de Co-
menge,
Brion,
Langeron,
Genlis,
& les Srs de
Verpré,
Lalun.

Polexandre & sa suite cherchant l'Isle inaccessible.

I'Ay veu la Mer, i'ay veu la Terre,
I'ay fait la paix, i'ay fait la guerre,
Tantost à la Campagne, & tantost à la Cour,
Ie me suis en cent lieux transporté dans peu d'heure,
Et ie n'ay sceu iamais arriuer où demeure
L'Illustre Objet de mon Amour.

Réponse de l'Oracle.

Tv dois, à ce que ie preuoy,
Continuer dans ta poursuite,
Un aueugle y voit mieux que moy,
Et tu dépens de sa conduite.

XIII. ENTREE.

Fernand Mendez Pinto auec deux mate-
lots confultant l'Oracle fur la décou-
uerture de l'ifle de Calampluy.

I E ne crain perte ny naufrage,
Et dans le plus fort de l'orage
C'eft où i'ay l'efprit le plus fain :
En vain Neptune fe courouce,
Il faut que fa fureur s'émouffe
Contre mon illuftre deffein.

Réponfe de l'Oracle.

V Ous aurez bien-toft fait conquefte
De l'Ifle, & de fes habitans
Si vous iurez dans la tempefte
Et priez Dieu dans le beau temps.

XIV. ENTREE.

Les S⁽ˢ⁾ de
Souuille,
S. André.

Deux Cheualiers errans cherchans leurs Maitresses.

Nos mains au combat animées
Ont sacagé pleines & monts,
Nous auons iousté sur les ponts,
Nous auons deffait les armées:
Il n'est ny Monstre ny Geant
Que nous n'ayons mis à neant
Par nos fatigues & nos veilles :
Mais nous ne trouuons point les Palais enchantez,
Où regnent ces deux Deitez,
Qui nous font faire ces merueilles.

Réponse de l'Oracle.

Sortez du Royaume des Fables,
Et coulez vous sans dire mot
Au logement des Incurables
Que vous a marqué Dom Quichot.

XV.

XV. ENTREE.

Les Immodestes consultans quand le bon
temps reuiendra.

Qve l'on neglige mes talens
I'ai veu que nous estions trop riches
Quand nous n'auions que deux chalans
Pourueu qu'ils ne fussent point chiches :
O que de malediction
Tombe sur la vacation
Et rend le mestier inutile ı
A present ie ne pense pas
Que tous les pechez de la Ville
Nous peussent fournir vn repas.

Réponse de l'Oracle.

Sans embarasser ni confondre
Voftre iugement éperdu,
Tout ce dont ie vous puis répondre,
Est vn Commiffaire affidu.

E

XVI. ENTREE.

Mrs de Briõ,
D'aluy,
de Raliere.

Trois Dorimenes qui cherchent la bonne
fortune chez la Sybile.

NOus auons les yeux assez doux
Et ne manquons point de merite:
Mais la plus seuere de nous
N'est pas autrement hipocrite;
Nous n'affections point de sçauoir,
Les loix d'honneur ni du deuoir:
Mais malheureuses que nous sommes
On se pleint de nous à loisir,
Et cependant il est peu d'homme
A qui nous n'ayons fait plaisir

Réponse de l'Oracle.

MEttez vostre argent à la banque
Et prenez viste le galop,
Aussi bien le Canada manque
De ce que Paris a de trop.

XVII. ENTREE.

Deux gueux & deux gueuſes qui cher-chent le moyen de paruenir.

Mrs de Sain-
ctor ,
Memont,
Pleſſis
Bruſlon,
& les ſieurs
de Vieux-
Chaſteau ,
& Lalun.

Bien que vous nous voyez gueuſer par les maiſons,
Il n'eſt pas vn de nous qui pourtant ne ſe flate,
Et nous auons encor d'autres demangeaiſons
Qui nous tiennẽt ailleurs qu'aux lieux où l'on ſe grate :
Car nous ne ſçaurions nous tenir
D'eſſayer tous à paruenir.

Réponſe de l'Oracle.

Coupez quelques bourſes honneſtes,
Et ſoyez pris tout d'vn plain ſaut,
Fußiez-vous plus bas que vous n'eſtes
Vous ne paruiendrez que trop hant.

RECIT

A deux visages, dont l'vn sera Musique d'in-
strumens, & retournans l'autre visage,
Musique de voix.

Vestus à l'Espagnolle.

Qvoy faudra-t'il tousiours viure dans la tristesse?
Nos maux n'auront-ils point de cesse?
Et ne reuerrons nous iamais
L'Abondance & la Paix?

La France endure peu dedans cette querelle,
Nous sommes bien plus pressez qu'elle,
Elle reuerra desormais
L'Abondance & la Paix.

Il vaus

Il vaut mieux luy ceder puis qu'enfin tout luy cede,
Nous n'auons point d'autre remede
Par où nous reuoyons iamais
L'Abondance & la Paix.

XVIII. ET DERNIERE ENTREE.

Deux Espagnols & deux Espagnoles qui Les sieurs
viennent consulter la Sybile pour sça- Verpré,
uoir quand la guerre finira. S. André,

Souuille,
Balon.

LA Valeur est chez nous, & tient à son costé
La Generosité,
Les autres Nations nous les traitons d'esclaues :
Mais nous viuons de raues,
La guerre est tout nostre element :
Mais pour ne point faire les braues,
Elle a duré trop longuement.

Réponse de l'Oracle.

TOut chacun souhaite à plein zelle
Tant de debas se terminer :
Mais la Paix est vne pucelle
Fort difficile à gouuerner.

Fin de tout le Balet.

9 782019 140632